ARRESTS
DE LA COVR
DE PARLEMENT.

DONNEZ EN REGLEMENT SVR LES
Droicts, charges & honneurs appartenans aux
Abbez Commendataires en leurs Abbayes.

ENSEMBLE SVR LES POVVOIRS
& deuoirs des Abbez reguliers Visiteurs d'icelles.

A PARIS,

Chez ROBERT FOVET, ruë S. Iacques, à l'enseigne
du Temps, & de l'Occasion.

M. DC. XXXII.

AVEC PRIVILEGE DV ROY.

REGLEMENT
DE VISITE,
FAIT EN L'ABBAYE NOSTRE DAME

DE TENAILLE, LE V. AVRIL M. DC. XXIX.

PAR

TRES-REVEREND PERE EN DIEV
MESSIRE NICOLAS LE SAIGE DOCTEVR
és Droicts, Conseiller & Aumosnier du Roy, par la
Prouidence diuine Abbé de S. Martin de Laon, premier
Pere, Definiteur né, & Vicaire general de tout l'Ordre
de Premonstré, Pere Abbé immediat, Iuge & Reforma-
teur ordinaire de ladite Abbaye de Tenaille & autres,
Visiteur deputé auec plein pouuoir, par le Chapitre
general dudit Ordre, tant aux Prouinces de France,
Ponthieu, Flandres, que basse & haute Normandie,

ET

CONFIRME' PAR ARRESTS DE LA COVR
DE PARLEMENT DES XXI. MARS
ET XIX. IOVR D'OCTOBRE M. DC. XXX.
ET VII. AOVST M. DC. XXXII.

A ij

CONCILIVM
TRIDENTINVM,
SESSIONE VIGESIMA-QVINTA
Cap. 20. de Regularibus.

BBATES qui funt Ordinum capita, ac cæteri prædictorum Ordinum Superiores, quibus eſt in alia inferiora Monaſteria legitima Juriſdictio, eadem illa ſibi ſubdita Monaſteria ſuo quiſque loco atque Ordine, ex officio viſitent, etiamſi Commendata exiſtant, teneanturque quicunque prædictorum Ordinum Monaſteriis præſunt, prædictos Viſitatores recipere, atque illorum ordinationes exequi.

Mnis anima poteſtatibus ſublimioribus ſubdita ſit: Vis autem non timere poteſtatem? Bonum fac, & habebis laudem ex illà. *Ad Romanos cap.* 13.

REGLEMENT.

ICOLAVS LE SAIGE Iuris vtriusque Doctor, Regis Christianissimi Consiliarius & Eleemosynarius, Monasterij sancti Martini apud Laudunenses humilis Abbas, totius Præmonstratensis Ordinis Pater primarius, & Vicarius generalis, necnon Circariarum Franciæ, Pontiui, & vtriusque Normaniæ, prætereáque Monasteriorum sancti Nicolai Clarifontis, Tenolij, Caluimontis, septem fontium in Tierascha, & Vallis Dei, Laudunensis & Remensis respectiuè diœcesium Visitator, authoritate Capituli generalis constitutus VNIVERSIS quorum intererit SALVTEM IN DOMINO PERPETVAM.

VM visitationis Canonica is potissimùm ex omnibus scopus intendi debeat, vt religionis & morum integritati, ac in summâ, salubri Ecclesiarum, tam in spiritualibus

'Institution & droiÆt positif des visites regulieres, ayant pour fin principalle de pouruoir que les maisons de Religion soient bien & sainÆtement

quàm temporalibus regimini consulatur.

2 *Nobis qui superioribus proximè diebus prædictum Tenoliense Monasterium accuratè, quantum cum Domino potuimus, seruatisque, in eâ parte, obseruandis formulis, visitauimus, nunc demùm incumbit, vt quod in eo prauâ consuetudine ab honestate deflexum, & in ædificiis ruinosum compérimus, Legum authoritate, ac certâ Iuris regulâ, corrigamus, sarciamus & solidemus.*

3 *Quocircà, Visis huiusmodi visitationis nostræ actis & scripturis: Literis nimirùm de nostro ad dictum Monasterium, die vigesimâ quartâ mensis Martij nouißimè præteriti, futuro descensu monitoriis, Domino Abbati Commendatario ac Conuentui, triduo antè, mensis videlicet eiusdem die vigesimâ primâ, significatis.*

4 *Processu verbali dictæ diei vigesimæ quartæ & sequentium, de nostro ingressu, primùm in Monasterium ipsum, ac deinde in Ecclesiam, præcedentibus cum*

administrées tant au spirituel qu'au temporel.

2 Le Sieur Abbé de sainct Martin apres auoir en toute diligence possible, canoniquement & suiuát les formes ordinaires, visité ladite Abbaye de Tenaille, se voit obligé de redresser par l'authorité de ses ordónances & regle infaillible du droit, ce qu'il y a trouué hors de raison, reparer les bastimés tóbez, & garátir de ruine ceux qui en sont menacez.

3 Pource est-il que Veus par luy les actes de sa visite: Et premierement ses lettres en forme de cómißió signifiées aux Sr Abbé & Religieux dudit Tenaille, le 21. Mars 1629. pour Aduertissemét que de là en trois iours, & le 24. dudit mois il feroit descente en ladite Abbaye aux fins de la visiter.

4 Procés verbal dudit iour 24. & autres narratif de son arriuee audit Tenaille, & reception en l'Eglise par le Conuent auec les solem-

cruce & aquâ benedictâ Religiosis Conuentualibus: Sanctissimi Sacramenti per nos adoratione & inspectione legitimis ceremoniis peractâ; tùm in loco Capitulari lectis palàm & exhibitis commissionis nostræ literis: Auditísque desuper iisdē Religiosis, se omnimodè mandatis Ordinis parére, nec quicquam contra Jurisdictionem nostram aut personam habere seu obiicere velle contestantibus; Deque visitationum fine atque vtilitate, habitâ per nos concione, aliísque subinde actitatis, mentionem ac fidem faciente.

5 Renunciatione libellatâ dictâ diei vigesimæ quintæ, de prædictis literis nostris commissoriis, Domino Abbati Cōmendatario earúmque dimissâ copiâ, significatis.

6 Schedulis inquisitionis & auditionis secretæ singulorum Religiosorum de die vigesimâ sextâ & aliis sequentibus:

7 Edicto nostro diei vigesimæ nonæ, præfato Domino Abbati Commendatario promulgato, de visitandis postridiè ad horam

nitez en tel cas requises & accoustumees : De l'adoration & visitation par luy faite du St Sacrement de l'Autel : De son entree au Chappitre : lecture & communication de ses lettres de pouuoir & commission : De l'obeïssance des Religieux à le reconnoistre, tant en sa persóne que iurisdiction : De la harágue, par laquelle il leur a fait voir l'vtilité des visites : En dernier lieu de tout son procedé, soit d'Office ou autrement selon le deub de sa charge.

5 Exploict libellé de la signification desdites lettres de commission, & copie d'icelles baillée audit Sr Abbé Cōmendataire le 25. desdits mois & an.

6 Cahiers d'inquisitiós & responses de chacun des Religieux en particulier du 26. & autres iours suiuans.

7 Ordonnance signifiee audit Sr Abbé le 29. dudit mois que le lendemain sur les dix heures du matin il se-

decimam & deinceps, locis & ædificiis regularibus.

8 Proceſſu viſitationis à nobis factæ die trigeſimâ & ſequenti, locorum & ædificiorum huiuſmodi, necnon ſupellectilium in iis exiſtentium.

9   Relatione ſcriptâ peritorum fabrorum ædilium, Cæmentárij videlicet ac lignarij, ad viſitationem prædictam euocatorum.

10 Statutis & priuilegiis tam Pontificiis quàm Regalibus Canonici Præmõſtratenſis Ordinis:

11 Denique omnibus quæ videnda erant, Viſis & diligenter conſideratis, Morum quidem cenſuras & notas in ſingulos exercitas, & ſecretiùs habendas, talimus, & ſeorſim edidimus: Ad Eccleſiaſticæ autem & regularis diſciplinæ iura publica vindicanda, arctiùſque deinceps retinenda Sequentia Capitulari totîus ordinis authoriate, quâ fugimur.
O R D I N A V I M V S E T O R D I N A M V S.

roit procedé à la viſitation des baſtimens reguliers.

8   Procés verbal de la viſitation deſdits baſtimens, et meubles d'iceux cõmencée le 30. & continuée au 31. & dernier de Mars.

9   Rapport litteral des reparations trouuees neceſſaires auſdits baſtimés par les Experts à ce appellez.

10   Statuts de l'Ordre, Priuileges des Papes & Rois tres-Chreſtiens.

11   Tout Veu & conſideré ce qui eſtoit à voir & conſiderer, Icelluy Sᵗ Abbé de Sᵗ Martin, DONNE & prononce iugement de punition cõtre les coulpables par vn eſcrit ſeparé & tenu ſecret. Et finalemét pour reſtablir la police & diſcipline reguliere, faire reparer & ameubler les baſtimens de ladite Abbaye. A fait les ORDONNANCES qui enſuiuent.

ORDONNANCES
PORTANS LES CHARGES
AVSQVELLES LE SIEVR ABBE'
Commendataire de l'Abbaye de Tenaille
est obligé suiuant le present
REGLEMENT.

*Dont Iceluy ayant appellé, par Arrest a esté
condamné de l'executer.*

ARTICVLVS	ARTICLE
PRIMVS.	PREMIER.

RIMVM, & *vniuersè quidem, Vt Ordinis Statuta (quibus tota Religiosæ vitæ ratio, nupero Capitulorum Generalium labore, vnicuique facilis intellectu, & explicata, cernitur) Typogra-*

E POVRVOIR le Conuent d'Exemplaires nouuellement imprimez des Statuts de l'Ordre en quantité suffisante, à ce que chacun des Religieux en puisse auoir pour

B

phico prælo haud pridem edita, incunctanter comparentur; singulis diebus per vnius horæ spatiū pomeridiani temporis capitatim legantur; à priore etiam vernaculis verbis elucidentur, & ab omnibus vsu atque opere, citrà vllius dispensationis præsumptum quomodolibet ben ficium compleantur, quam ab Ordine non aliàs indultam esse ac fore declaramus, nisi quatenus & quamdiu eam, rerum & locorum à Domino Abbate Commendatario præstandorū carentia, necessariò vendicabit.

s'instruire tant en public qu'en particulier en l'intelligence, & vacquer à la practique d'iceux, sans pretention de dispense ny relaxation quelconque hors celle que le manquement des lieux & commoditez, dôt le sieur Abbé est chargé, obligera par necessité de prendre, apres l'auoir demandé, & obtenu des Superieurs de l'Ordre, ausquels l'authorité appartiét de la donner selon qu'ils voyent estre de besoin.

II

D Einde verò ac speciatim, Vt Eucharisticū Dominici corporis Sacramentum tabernaculo formâ & cultu decoro, deinceps asseruetur, ante quod, diu noctúque lampas iugiter accensa luceat.

II

D E faire vn Tabernacle decent auec son pauillon, pour la garde du S. Sacrement & fournir à l'entretié d'vne lampe qui brusle au deuant d'iceluy tát de iour que de nuict.

III

S Acerdotes, etiam ordinario Missarū munere ac vice per-

III

FOurnir le pain & le vin necessaire aux Prestres, tant

funČi , bis ad minus in septi-
mana celebrent, ȼŧ) semel saltem
sicut cæteri non Sacerdotes con-
ficeantur:earum autem perinde
ac Communionum panem ȼŧ
vinũ D. Abbas subminiſtret.

IV

TR ÆTER Altare maius
alia duo quæ choro hìnc ȼŧ hìnc
subiunČta cernuntur, Mappis,
Paramẽtis ,lateralibus Cortinis,
ȼŧ piČtis , sculptísue imagini-
bus , ad rem diuinam , ȼŧ
peregrinorum religionem ornata
habeantur , remotis inde longi-
uſculè cancellis ligneis cữm porta
laterali , ne scilicet ingredientes
à Conuentu, immò etiam venti
sacrificanti ad Aram, quæ san-
Čti Fiacrij titulum præfert , offi-
ciant.

V

I N media Templi area Chri-
ſti Domini crucifixi figura su-
blimis ⫝̸ populo conſpicua , me-
moriæ ȼŧ religionis ergo suſpen-
datur, ac turriculæ summo è te-

pour les Meſſes d'obligatió
& deuotion, que pour les
Communions des Nouices
& autres qui se presente-
ront pour participer à la
Sainĉte Euchariſtie.

IV

PArer deTableaux, ᴎappes
& Rideaux les deux Autels
qui sont au deſſoubs du
Chœur, &en eſloigner d'vn
raiſonnable eſpace le balu-
ſtre &porte lateralle de l'E-
gliſe,pour eſuiter les incon-
ueniens que le vent pour-
roit cauſer aux Preſtres di-
ſans la Meſſe à l'Autel ſaint
Fiacre, au moyen des fre.
quétes ouuertures de ladite
porte,pour aller& venir des
Cloiſtres en l'Egliſe.

V

SVSpendre à iuſte hauteur
de terre au milieu de l'Egliſe entre le Chœur & la Nef
vne figure de noſtre Sei-
gneur crucifié, & remettre

Hi fastigio prominenti, sua crux restituatur.

sur le petit Clocher la croix qui en est tombée

VI.

SAcristia parietibus lapideis seu lateritijs, & præ fenestra ferreis reticulis tuta reddatur, auctiórque post expressâ suppellectili, Cruce argentea, vel ad minimum lignea ex argento bracteata: Calice itidem argenteo, Casulâ, & huic subseruientibus duabus Tunicis, tribus Cappis, Cortinis & Paramentis albi coloris : Duabus itidem Casulis viridis & violacei ad vsum feriarũ: Mappis sex, totidem Albis & Amiciculis, Corporalibus & Purificatorijs, vtrisque duodenis, & pari numero Mantilib⁹, & sex Superpelliceis: Cortinis & Paramentis Altaris rubeis singulis: Ad hæc, Casulâ gemellis Tunicis, tribus Cappis, singulis Cortinis & Paramẽtis atri coloris ad ritûs defunctorũ : Denique pro decenti Officij diuini tam in Altari quàm in Choro celebratione, Missalibus duobus Psalterijs maioribus totidem,

VI.

MVrer la Sacristie de pierres ou briques, fermer les fenestres de barreaux de fer, & augmenter les Ornements & meubles d'icelle d'vne Croix & Calice d'argent: Deux Chapelles complettes de blanc & de noir, chacune composée d'vn Chasuble, deux Tuniques, trois Chappes, de Rideaux & Parements d'Autel à l'auenant: Et encores de deux autres Chasubles de vert & violet pour le seruice des feries: Plus, d'vn Parement d'Autel auec des Rideaux de rouge. En linge, de six Nappes, six Aubes, six Amicts & de six Surpelis; d'vne douzaine de Corporaux, autant de Purificatoires & Seruietes: finalement d'vne couple de Messels, deux gráds Psautiers, & six Processionaux: le tout pour la commodité

& senis Proceſſionalibus his & illis, in vſum Præmonſtratenſis Ordinis, prælo excuſis.

du ſeruice, tant de l'Autel que du Chœur, & à l'vſage de l'Ordre de Premonſtré.

VII.

SVB Miſſis priuatis, duo sẽper cerei in Altari accendantur; in Feſtis autem triplicibus, duplicibus, & celebribus, ſub Officijs diuinis conſueta luminaria ſine imminutione retineantur, ceram ſufficiente D. Abbate.

VII.

FOurnir telle quantité de Cierges qu'il conuient à l'entretien du luminaire preſcript en l'Ordre, ſoit pour les Meſſes ou autres Offices, & ſelon la qualité & diſtinction des Feſtes.

VIII.

MAtutinæ omni tempore excepto triduo antepaſchali, media nocte, deuotè, tractim, cũ æquali tonorũ menſura, ritibus & ceremonijs in Ordinario præſcriptis, ſicut & totum diurnum Officiũ, cantentur, D. Abbate pro lucerna, candelas, & oleum ad ignem in Dormitorij lampade noctu ſeruandum, contribuente.

VIII.

COmme auſſi les Chandelles qui ſe trouueront eſtre de beſoin pour en tout temps chanter l'Office de Matines à minuit: & pareillement autant d'huille qu'il en faut pour entretenir vne lampe, laquelle doit de nuit inceſſamment bruſler au Dortoir.

IX.

COnfeſſiones nullus excipiat, niſi qui ad hoc legitimam acc-

IX.

FAire en l'vne des Chapelles qui ſont aux deux

perit facultatem, vt autem cum reuerētia, & pro tanti Tribunalis dignitate exerceantur, Confessionale ligneum in altero facellorum choro lateralium, collocetur.

coſtés de l'Egliſe vn Cófeſſional de menuiſerie propre à ouyr les confeſſions auec decence requiſe à la ſainɗeté du Sacrement de Penitence.

X.

STationes, ſeu preparatoriæ ad ſingula Officia diuina Meditationes, diligenter obſeruentur, proptereáque, ſcãlia commoda in clauſtro lateri Eccleſiæ adiacenti, coaptentur.

X

POſer au Cloiſtre ioignát l'Egliſe, des ſieges pour y pouuoir vacquer par le Cóuent aux Recolleɗiós preparatoires de l'Office diuin, autrement dites Stations.

XI.

FEneſtrę ædium Abbatialium proſpeɗum habētes in Clauſtra, & Conuentuales officinas, paritérque portæ, quibus inde eodèm aditus patet, cæmentato lapide obſtruantur.

XI.

BOuſcher de maçonnerie les huis & feneſtres du logis Abbatial, qui ont entrée & veuë dans les Cloiſtres & lieux deſtinés aux exercices de la Regularité.

XII.

AD Dormitorium, vnicus ſit aditus, atque is à parte Eccleſiæ, qui proinde gradu commodus, feneſtellâ lucidus, &

XII.

REfaire les marches de la montée, tenant du Dortoir à l'Egliſe, luy donner du iour, & la fermer d'vne

portâ seratâ securus efficiatur:
sublatis scalis ligneis é medio ip-
sius Dormitorij in culinam &
Clauſtrũ transitũ præbentibus.

bonne porte auec serrure:
desmonter l'autre escalier
qui descend dans les Cloi-
stres, & en oster l'vsage.

XIII.

AD Officium diuinum Cam-
panæ tot, & tanto tractu pulsen-
tur, quot & quantum præscribit
Ordinarium secundùm Festorũ
qualitatem : funes autem ea-
rumdem atque Horologij, quãdo
necessitas exegerit, Dominus
Abbas suppeditare satagat, &
teneatur.

XIII

ENtretenir l'Horloge &
les Cloches de cordes & autres choses necessaires: de
sorte que le seruice diuin
puisse estre sonné aux heures reglées, & en la maniere
qu'il est ordóné par le Ce-
remonial de l'Ordre, selon
la solemnité des Festes.

XIV

SEpta Monasterij, quæ defi-
niuimus muri ambitu à latere
dextro Ecclesiæ, hortos Conuentuales & sanctorum Cosma &
Damiani sacellum, sinuoso du-
ctu circumagentis, & ad extre-
mã Dormitorij partem peruen-
turi, nullus egrediatur sine Supe-
rioris expressa, & singulis vici-
bus obtinenda, post vrgentium
exitum causarum discußionem,
facultate, nec fœminas in eadem

XIV

PAracheuer ce qui reste
de la muraille, laquelle pre-
nant au costé droit de l'E-
glise regardé du Midy, fer-
me l'appartement & iardin
Conuentuel; & ce faisant, la
conduire & ioindre au pi-
gnon du Dortoir opposé au
Septétrion, afin que la closture estant de toutes parts
entiere, les deffences d'y
laisser entrer des femmes

quomodolibet admittat, aut ingredi consentiat, sub pœna grauioris culpæ, quinque diebus subeunda.

foient inuiolablement gardées, & que les Religieux mefmes n'en puiffent fortir fans congé.

XV.

ELeemofynarum nomine, fingulis ferijs fextis, Dominus Abbas, feu quis alius pro eo duos jaletos bladi mixti in panem coctum redactos, ad portam Monafterij pauperibus erogare teneatur, præfente aliquo Religioforum ad id à Superiobus deputando.

XV.

AVmofner en pain tous les iours de Vendredy de chacune fepmaine à l'vne des principales entrées de l'Abbaye la quantité de deux Ialois de bled-metail, & ce en prefence d'vn Religieux auquel en fera donné le commandement.

XVI.

POrtæ Monafterij, & Nauis Ecclefiæ, opportuno diurno tempore, tam domefticis Domini Abbatis quàm peregrinis vtriufque fexûs, fic pateant, vt in eam deuotionis & orationis caufa liberè ingredi queant, abfque vllo per loca regularia tranfitu.

XVI.

FAire & tenir ouuertes les deux grandes portes du colté de Veruin & de Ploumion, en tel endroit, & auec cette obferuation que par icelles on puiffe librement aller à l'Eglife fans paffer dás l'enclos regulier.

XVII.

REparationes ædificiorum

XVII.

TRauailler inceffamment

sacrorum & regularium vrgeantur, & fiant integrè iuxta Relationem & verbalem Proceſſum viſitationis factæ à peritis artis ædificatoriæ mechanicis per nos ad id euocatis, proindéque Proceſſus & Relationis huiuſmodi tenor Domino Abbati ſignificetur: Ac earum quidem reparationum initium ducatur à Clauſtro & Dormitorio, quod ita ædificari mandamus vt in eo duodecim totidem Religioſorum commodæ cellulæ, pretereáque Calefactorium, Veſtiarium commune Bibliotheca & Chartularium extent.

iuſqu'à fin d'œuure aux reparations tant de l'Egliſe que des edifices reguliers ſuiuant le rapport de la viſitation d'iceux faite par les Experts à ce appellez, commençant par les Cloiſtres & le Dortoir, au dedans & pourpris duquel ſeront menagez auec le plus de proportion & commodité que faire ſe pourra douze Cellules ſeparées l'vne de l'autre pour autant de Religieux: En outre vne Librairie, vn Chartrier, Chauffoir & Veſtiaire commun.

Par cét article (qui comprend les ouurages portez dans le Procés verbal des Experts) outre les charges y ſpecifiees, le S^r. Abbé eſt encore tenu de rebaſtir la Chappelle S. Quentin, lambriſſer, repauer, renduire & blanchir l'Egliſe, reparer, & tenir de hauteur raiſonnable la muraille faiſant la fermeture du clos & iardin Conuentuel, & faire pluſieurs autres choſes pour le reſtabliſſement, accommodation & ornement de ladite Abbaye.

XVII.   ## XVIII.

REfectiones non ampliùs in Culina vti hactenus, ſed in Offi- cina Culinæ contigua, quæ eam

MEttre l'Office tenant à la Cuiſine en eſtat de pouuoir ſeruir de Refectoir or-

C

ob caufam Pulpito feu Legili pro menfa lectore, Sedilibus, Lumini-bus & alijs neceffarijs adaptabi-tur, dirutoque adiectitio pariete intermedio amplificabitur, & exteriùs in Clauftro propinquo Sedilibus ad Stationes feu Re-collectiones ante refectionem in-ftituendas, inftruetur.

dinaire, y faifant abattre la cloifon du milieu, accom-moder les iours & feneftres, dreffer des tables & formes auec vn Lifoir : & au dehors dás le Cloiftre cótigu, pofer des fieges comodes à tenir le Conuent affemblé auant les refections.

XIX.

GRadus ligneus à majori Refectorio in fubiectum hortum vnde fine obice liber eft quocum-què exitus, fine mora tollatur, & porta firmo latomico opere clau-datur.

XIX.

TRanfporter la montée de bois qui donne fortie du grád Refectoir en vn iardin au deffous ouuert à la cam-pagne, & fermer le paffage de maçonnerie.

XX.

VItrea feneftræ tàm in Ec-clefia, quàm Refectorio & alijs locis farciantur.

XX.

RAcómoder partout les vitres, & principalement en l'Eglife & au Refectoir.

XXI.

QVæ ante Dormitorij feneftras proftat ruinofa ædicula, poft-quàm farta tecta erit, Infirmito-rij vfibus deputetur, prout nos il-

XXI.

REparer le petit corps de logis qui eft aux veuës du Dortoir vers l'Orient, à l'ef-fect de le rendre en fuffisát

Iam deputamus in alios vsus non conuertendam.

eſtat d'eſtre appliqué aux vſages de l'Infirmerie.

XXII.

HAbitationem porrò Peregrinis maximè Ordinis, & Eccleſiaſticis perſonis hoſpitio recipiendis commodam, D. Abbas loco illius anteà hunc in vſum deſtinatæ, quam ſibi & domeſticis attribuit, indilaté aſſignare teneatur; ſicut & hoſpites honeſté tractare, niſi malit ſexaginta libras in Conuentum eo nomine conferre.

XXII.

ASſigner par le Sr. Abbé vn logement propre pour la reception des paſſans & nómément ECCLESIASTIQUES & Religieux, au lieu de celuy lequel il s'eſt approprié : ET iceux honeſtement traitter par luy meſme, ou dóner pource au Conuent ſoixáte liures par chacú an.

XXIII.

DOcumenta bonorum Monaſterij in Chartulario ſtatim atque exædificatum fuerit, ſub triplici claue cuſtodiantur, quarum vnam ipſe D. Abbas, Prior ſecundam, tertiam Religioſus à Conuentu nominandus, penès ſe ſe habeant.

XXIII.

ENfermer les tiltres de l'Abbaye dans le Chartrier & ſous trois clefs differétes dont leSr. Abbé en aura vne, & les deux autres le Prieur & celuy des Religieux qui ſera par le Chapitre nómé à cette charge.

XXIV

MAlleus quo arbores cedenda deſignantur ſimiliter ſub tri-

XXIV.

GArder le Marteau des bois qu'il conuient coupper

plici claue recondatur, omnísque Religioforum confenfus de cedendis majoribus arboribus fine legitima facultate datus aut approbatus, fit nullus, careatque omni robore & efficacia.

séblablement sous lesdites trois clefs, sans que les Religieux puiffent confentir aux couppes de haute fuftaye qu'auec l'adueu de leur Superieur, à peine de nullité.

XXV.

ATque hæc funt quæ Religiofis prout ad eos & eorum quemlibet fpectat & pertinet præcipimus obferuari; Obnixè in Domino rogantes D. Abbatem Commendatarium vt quoniam fpiritualia temporalibus deftituta commodis confiftere nequeunt nedum exurgere, ipfe temporalia quibus iuxta præfentium continentiam ORDINATIONVM obligatur, tam citò ac integrè prouideat, vt neque fpiritualibus mora & detrimentum cum Dei offenfa, falutis animarum difpendio, & intentionis Fundatorum defraudatione afferatur.

XXV.

COmmandement fait aux Religieux que les prefentes Ordonnances (en ce qui les regarde) ils mettent à execution, & ledit Sr. Abbé Cómédataire requis qu'attendu que le fpirituel ne peut fubfifter qu'auec l'appuy du temporel, il dóne tel ordre aux chofes téporelles, qu'il eft obligé de faire par le cótenu defdites Ordonnances que les fpirituelles n'en foffurent aucune remife preiudiciable au feruice de Dieu, falut des ames, & à l'intention desFondateurs.

XXVI.

ACta lecta & publicata Capitulariter in Monafterio præ-

XXVI.

FAit leu & publié Capitulairement en l'Abbaye de

dicto Tenoliensi Die quinta Mē- sis Aprilis Anno Incarnationis Dominicæ millesimo sexcētesimo vigesimo nono , præsentibus ibidem eiusdem Monasterij Religiosis Priore & Conuentu. In quorum fidem ac robur præsentes à nobis manu propria subscriptas sigilli nostri fecimus authoritate communiri. Sic signatum.

Tenaille le 5. iour d'Auril 1629. en presence des Religieux, Prieur & Cóuent d'icelle. En tesmoin dequoy font lefdites ordonnances signées de la main dudit Sr Abbé de St Martin, & scellées du seel de ses armes en l'Original sous le contresigne de son Secretaire.

NICOLAVS HVMILIS Sᵗⁱ. MARTINI ABBAS.

De mandato Reuerendissimi Domini mei Domini Abbatis Sancti Martini Laudunensis.

Locus sigilli.

LA ROCHE

ARREST

DE LA COVR DE

PARLEMENT DV XXI. MARS,

MIL SIX CENS TRENTE,

CONFIRMATIF DES ACTES ET
du Reglement de Visite fait en l'Abbaye
de Tenaille, par le Sieur Abbé de Sainct
Martin de Laon, le cinquiesme
Auril mil six cens vingt-
neuf.

OVIS PAR LA GRACE de Dieu Roy de France & de Nauarre, Au premier des Huissiers de nostre Cour de Parlement, ou autre nostre Huissier ou Sergent, le premier sur ce requis, SALVT: Comme le iour & datte des presentes, comparans iudiciairement

Premier Arrest dõné en l'Audience.

Me Clement Boucher Abbé Com-

mendataire de l'Ab-
baye de Tenaille,
& Guillaume Solon
son Receueur, ap-
pellans comme d'a-
bus.

en nostre dite Cour Maistre Clement
Boucher Abbé Commendataire de
l'Abbaye nostre Dame de Tenaille,
Guillaume Solon son Receueur audit
lieu, appellans cóme de pretendu abus
des ORDONNANCES & Mandemens decernez par le Sieur Abbé de Sainct Martin de Laon, faisant sa visite en ladite
Abbaye de Tenaille, & mentionnez en
son procés verbal du vingt-quatriesme
iour de Mars mil six cens vingt-neuf, &
autres iours ensuiuans : Mesme de ce
qu'il a Ordóné que les portes de la maison Abbatialle, qui estoient lors fermées, seroient ouuertes par vn Serrurier. Les six Cheuaux qui estoient à sa
suitte mis & logez dans les Escuries de
ladite maison, Decerné plusieurs Mandemens pour contraindre ledit appellant & son Receueur au payement de
plusieurs sommes de deniers pour les
frais de sa Visite, nonobstant oppositi-
tions ou appellations quelconques:
mesmes des contraintes, saisies, executions & ventes des biens dudit Solon
Receueur pour les frais de ladite visite,
& au payement d'icelles: Et encore cóme de pretendu abus du REGLEMENT
fait par ledit Sieur Abbé intimé en ladite Abbaye de Tenaille le cinquiesme
iour d'Auril mil six cens vingt-neuf d'v-

De ce que le Sieur
Abbé de S. Martin
de Laon intimé a
fait ouurir les portes
de la maison Abba-
tialle par vn Serru-
rier.

Mis six de ses che-
uaux aux Escuries
d'icelle.

Contraint les ap-
pellans à payer les
droicts & frais de sa
visite par saisies &
executions de leurs
biens.

Et du Reglement
par luy fait en ladite
Abbaye le cinquies-
me Auril 1629.

ne part. Et Meffire Nicolas le Saige
noftre Confeiller & Aumofnier ordinaire, Abbé de Sainct Martin de Laon,
premier Pere & Vicaire general de tout
l'Ordre de Premonftré, & Pere immediat de ladite Abbaye de Tenaille, &
Iean Caron Sergent au Bailliage deVer-
mandois intimés d'autre part, ou les
Procureurs des parties, & fans que les
qualitez puiffent nuire ny preiudicier,
Apres que Auzannet Aduocat pour les
appellans, Talon auffi Aduocat pour
ledit Sieur demandeur : & Deffita pour
Caron ont dit qu'en communiquant de
la caufe à nos gens par leur aduis, fous
le bon plaifir de la Cour font demeurés
d'accord de l'appointement par l'vn
d'eux recité qu'ils ont fupplié de pro-
noncer : NOSTRE DITE COVR
fur l'appel côme d'abus & intimations,
A MIS & MET les parties hors de
Cour & de procés, fans que l'Arreft puiffe faire preiudice aux parties en autres
inftances pendantes en icelle. SI TE
MANDONS à la requefte dudit
Sieur demandeur mettre le prefent Arreft à deuë & entiere execution felon fa
forme & teneur. De ce faire te donnons pouuoir. DONNE' à Paris en
noftre Parlement le vingt & vniefme
iour de Mars, l'an de grace mil fix cens

D

Datte d'iceluy du vingt-vnief-me Mars 1630.

trente, & de noftre regne le vingtief-me. Signé par la Chambre LEVESQVE, & feellé le cinquiefme Auril mil fix cens trente.

CORCESSIN,   SERLANT.

ARREST

DE LA COVR DE

PARLEMENT DV XIX. OCTOBRE

MIL SIX CENS TRENTE,

DONNE' EN EXECVTION DE celuy du 21. Mars precedent: Ensemble du Reglement de Visite fait en l'Abbaye de Tenaille, par le Sieur Abbé de Sainct Martin de Laon, le V. Auril M. DC. XXIX.

OVIS PAR LA GRACE de Dieu Roy de France & de Nauarre, A nostre Bailly de Vermandois, ou son Lieutenant à Laon, sur ce requis, SALVT: Comme le iour & datte des presentes cóparans en nostre Chambre des vacations nostre cher & bien-amé Messire

Deuxiesme Arrest donné en l'Audience.

Addressé au Bailly de Vermandois ou son Lieutenant à Laon.

D ij

Messire Nicolas le Sage Abbé de S. Martin de Laon Demandeur.

En execution de l'Arrest precedent du 21. Mars 1630.

Et des Ordonnances portées par son Reglement du 5. Auril 1629.

Maistre Clement B...

Nicolas le Saige nostre Conseiller & Aumosnier ordinaire, Abbé de sainct Martin de Laon, premier Pere & Vicaire General de tout l'Ordre de Premonstré, & Pere immediat de l'Abbaye nostre Dame de Tenaille dudit Ordre, Demandeur aux fins d'vne requeste presentée à nostredite Cour le quinziesme Octobre mil six cens trente, à ce que les REGLEMENS & ORDONNANCES faites en ladite Abbaye de Tenaille, & mentionónez en son REGLEMENT de visite du cinquiesme Auril mil six cens vingt-neuf, & confirmez par Arrest du vingt-vniesme Mars mil six cens trente soient executez selon leur forme & teneur, Et à ce faire le Defendeur contraint par saisie du reuenu temporel de son Abbaye, & les marchez tant des reparations, ouurages, ornemens, qu'autres necessitez de ladite Abbaye contenuës ausdits Reglemens faits en la presence du Substitut de nostre Procureur general de Laon, & les ouuriers & marcháds payez des deniers du reuenu de ladite Abbaye : & à cét effect les Fermiers d'icelle contrains, & ce faisant deschargez d'vne part. Et Maistre Clement Boucher Abbé de ladite Abbaye Defendeur d'autre, ou leurs Procureurs, & sans que les qualitez puissent preiudicier, Demonthelon pour le Demandeur, a demandé defaut & pour le profit que les Arrests de noftre dite Cour & REGLEMENS feront executez. Que le premier de nos Iuges des lieux fuft commis, & pour cét effect que les Fermiers & debteurs de ladite Abbaye fuffent contraints fournir les deniers neceffaires, Watier Huiffier a rapporté auoir appellé le defendeur, & Serlant fon Procureur. Auzannet a dit qu'il eft Aduocat ordinaire du Defendeur, & qu'il n'y a eu aucune fignification faite à fon Procureur. Lecture faite des aduenirs. Tranchot pour noftre Procureur general a dit qu'il requiert l'execution defdits Arrefts & REGLEMENS. NOSTRE-DITE COVR donne defaut pour le profit duquel ORDONNE que l'Arreft de noftre dite Cour & REGLE-MENS fufdits feront executez felon leur forme & teneur; & pour cét effect a COMMIS & COMMET noftre Bailly de Vermandois ou fon Lieutenant à Laon: & ce qui fera par luy ordonné executé nonobftant oppofitions ou appellatiós quelconques, & fans preiudice d'icelles. SI VOVS MANDONS à la requefte dudit Sieur Demandeur mettre le prefent Arreft à execution felon fa forme & teneur. DE CE FAIRE

mendataire de Tenaile Defendeur.

Eft ordonné que lefdits Arrefts & Reglemens feront executez.

Et à cét effect commis le Sieur Lieutenant general au Bailliage & Siege Prefidial de Laon.

Mandement &

VOVS DONNONS POVVOIR.
MANDONS au premier noſtre Huiſ-
ſier ou Sergent, faire tous exploicts requis & neceſſaires pour l'execution du
preſent Arreſt. DONNE' à Paris en
noſtre Chambre des vacations le dix-
neuſieſme iour d'Octobre, l'an de grace
mil ſix cens trente, & de noſtre regne
le vingt & vnieſme.   Ainſi ſigné, Par
la Chambre des vacations, RADIGVES.

CORCESSIN.   SERLANT.

ARREST
DE LA COVR DE
PARLEMENT DV VII. AOVST
MIL SIX CENS TRENTE-DEVX,

PORTANT REGLEMENT DES Droicts, charges & honneurs appartenans aux Abbez Commendataires en leurs Abbayes.

AVEC LES POVVOIRS ET denoirs des Abbez Reguliers Visiteurs d'icelles.

OVIS PAR LA GRACE de Dieu Roy de France & de Nauarre, A nostre Bailly de Vermandois ou ses Lieutenás Generaux ou Particuliers à Laon, Premier Conseiller dudit siege, ou autre de nos Iuges sur ce requis, SALVT: Comme le iour & datte des presentes

Troisiesme & dernier Arrest.

Addressé au Bailly de Vermandois ou ses Lieutenans à Laon.

QVALITEZ.

De la premiere in-
ſtance du 25. Octo-
bre 1627.

De la ſeconde du 15
Auril 1628.

De la troiſieſme du
22. Aouſt 1628.

comparans en noſtre Cour de Parlement les Religieux, Prieur & Conuent
de l'Abbaye noſtre Dame de Tenaille
demandeurs aux fins d'vne requeſte
par eux preſentée au Bailly de Vermandois ou ſon Lieutenant à Laon le
vingt-cinquieſme Octobre mil ſix cens
vingt-ſept, & par le moyen de leurs repliques fournies les dix-neuf Iuin, &
vingt-neufieſme Iuillet audit an, & Defendeurs d'vne part : Et Mre Clement
Boucher Conſeiller, Aumoſnier &
Chappelain ordinaire du Roy, Abbé
Commendataire de ladite Abbaye de
Tenaille, Defendeur & incidemment
Demandeur par le moyen de ſes defenſes fournies le troiſieſme May mil ſix
cens vingt-huict d'autre : Et ledit Boucher Demandeur en Reglement ſuiuant
la commiſſion par luy obtenuë en ladite Cour le quinziéme Auril mil ſix cens
vingt-huict d'vne part, & leſdits Religieux, Prieur & Conuent de ladite Abbaye de Tenailles Defendeurs d'autre :
Et Meſſire Pierre Goſſet Abbé de Premonſtré, Chef & General dudit Ordre,
& Meſſire Nicolas le Saige Conſeiller &
Aumoſnier du Roy, Abbé de Sainct
Martin de Laon, premier Pere & Vicaire General dudit Ordre, & Pere immediat de ladite Abbaye de Tenaille,
Demandeurs

Demandeurs à l'enterinement d'vne requeſte par eux preſentée à ladité Cour
le vingt-deuxieſme Aouſt mil ſix cens
vingt-huict, aux fins d'eſtre receus parties interuenantes en ladite inſtance de
Reglement d'vne part: Et ledit Boucher
& leſdits Religieux, Prieur & Conuent
de ladite Abbaye de Tenaille Defendeurs d'autre. Et leſdits Religieux,
Prieur & Conuent de ladite Abbaye de
Tenaille, Demandeurs aux fins d'vne
requeſte preſentée à ladite Cour le
cinquieſme Decembre mil ſix cens
vingt-neuf d'vne part: Et leſdits Goſſet
& le Saige Abbez de Premonſtré & de
Sainct Martin, Defendeurs d'autre. Et
Frere Nicolas Vairon Religieux, ſoy
diſant PrieurClauſtral de ladite Abbaye
de Tenaille, demandeur aux fins d'vne
requeſte preſentée à ladite Cour le
quatorzieſme Decembre mil ſix cens
vingt-neuf d'vne part: Et ledit Boucher
Abbé de ladite Abbaye Defendeur d'autre. Et ledit Boucher demandeur aux
fins d'autre requeſte preſentée à ladite
Cour le vingt-deuxieſme dudit mois de
Decembre d'vne part: Et ledit Vairon
defendeur d'autre. Et ledit Boucher
Demandeur aux fins des requeſtes par
luy preſentées à ladite Cour les vingt-
ſix Feurier & quatrieſme Iuillet mil ſix

E

ARRESTS.

cens trente d'vne part : Et lefdits Goffet
& le Saige defendeurs d'autre : Et ledit
Boucher appellant d'vn iugement donné par le Lieutenát general dudit Laon
le vingt-neufuiefmeNouembre.mil fix
cens trente.   Procés verbal & Ordonnances des quatre,dix & quatorziefme
Decembre enfuiuant : enfemble des
BAVX au rabais, ORDONNANCE de nonobftant l'appel, & de tout ce qui s'en
eft enfuiuy d'vne part: Et ledit le Saige
intimé d'autre: Et encore ledit BOVCHER
demandeur en requefte afin de defenfes particulieres prefentée à laditeCour
le premierFeurier mil fix cens tréte-vn
d'vne part: Et ledit le Saige defendeur
d'autre,ou les Procureurs defdites parties. VEV PAR NOSTRE
DITE COVR ladite requefte
du vingt-cinquiefme dudit mois d'O-
ctobre mil fix cens vingt-fept,conte-
nant la demande defdits Religieux aux
fins d'eftre maintenus & conferuez en
la poffeffion & iouyffance de fe pouuoir feruir de la porte, eftant en l'enclos de ladite Abbaye du cofté du Bois
& du chemin, conduifant au Bourg de
Ploumion,pour y faire entrer & fortir
chariots & harnois pour leur commodité, & faire entrer leurs grains, bois,
vins, & autres neceffitez de leur mai-

son : Et que defenses soient faites audit
Abbé de Tenaille de faire fermer ladite porte, ny en ouurir vne autre, & à
tous ouuriers d'y trauailler ; Defenses
dudit Boucher Abbé, du troisiesme dudit mois de May contenant sa demande incidente, à ce qu'il luy fust permis
de continuer la closture & construction
des murs de la Cour : & de faire bous-
cher ladite porte, & toutes autres que
bon luy semblera : auec defenses ausdits Religieux de le troubler & empes-
cher, sous les offres de leur donner pas-
sage par la grande porte de ladite Abbaye, & de leur faire construire vne
autre porte en tel endroit que bon
leur semblera. Et à eux enjoint de luy
porter respect, honneur & obeyssance.
Defenses & repliques desdits Religieux
des dixneuf & vingt-neufuiesme Iuillet
audit an mil six cens vingt-huict, contenant leur demande incidente, A ce
que ledit Boucher Abbé de ladite Abbaye fust condamné d'entretenir &
donner gages à vn Portier pour la garde de ladite porte, qui la tiendra fer-
mée, & l'ouurira seulement pour faire
entrer & sortir leurs commoditez &
necessitez : Comme aussi de faire faire
les reparations necessaires à faire en
ladite Abbaye : Et à ce faire contraint

E ij

par saisie de son reuenu, & pour les re-cognoistre que les lieux fussent veus & visitez par Experts : Que les marchez desdites reparations seroient baillez au rabais, & ce qui seroit ordonné seroit executé nonobstant oppositions ou ap-pellations : Et outre remettre les lieux & bastimens en l'estat qu'ils estoient auant l'entreprise par luy faite; faire re-parer les lieux reguliers, afin que l'ob-seruance reguliere y puisse estre prati-quee. Qu'il soit tenu leur fournir les Ornements contenus en l'estat qui sera dressé suiuant les memoires des Peres de l'Ordre qui ont visité ladite Abbaye. Et outre faire bastir vne Chambre du Thresor pour mettre les tiltres de la-te Abbaye qu'il sera tenu rapporter & faire inuentorier pour estre mis en seu-reté sous trois clefs, dont l'vne demeu-rera en la possession dudit Boucher, & laquelle quand il s'absentera ou sortira de ladite Abbaye, il sera tenu bailler à celuy qu'il comettra sur les lieux pour auoir soin de ses affaires : l'autre entre les mains du Prieur Claustral : & la troi-siesme entre les mains du Procureur de ladite Abbaye. Qu'il sera tenu faire meubler l'Infirmerie de meubles neces-saires, ensemble la chambre des hostes, payer les gages du Medecin & Chirurgien, & laisser fond suffisant entre les mains de son Receueur, pour payer l'Apoticaire: Comme aussi leur fournir tous les ans huict muids de bled pour faire leurs aumosnes necessaires. Qu'ils soient deschargez de la pension du Religieux Laicq ou Oblat. Que defenses luy soient faites de faire abattre aucuns bois qu'ils n'ayent esté marquez de leur marteau, lequel il sera tenu de leur fournir. Et outre que partage sera fait entr'eux & ledit Abbé des biens qui restent à partager, & qui seront par eux indiquez, & le tiers à eux deliuré en bon estat, sans que sur iceluy ils soient tenus payer aucunes charges ordinaires ou extraordinaires. Defenses, appointement en droict à escrire, produire, bailler contredits & saluations, escritures, productions & contredits desdites parties. Arrest du neufuiesme Feurier mil six cens trente, par lequel ladite instance pendante és Requestes du Palais auroit esté éuoquée en ladite Cour. Ladite commission du quinziesme Auril mil six cens vingt-huict contenant les demandes en REGLEMENT dudit Boucher Abbé dudit Tenaille.

Avx fins d'estre maintenu & gardé au droict & possession de faire l'office

Premier Chef.

& celebrer la Meſſe principale au grand Autel aux quatre Feſtes ſolemnelles, & aux iours dediez à l'honneur de la Vierge Patrone de ladite Abbaye.

II.

Qve lors qu'il ſera preſent & aſſiſtera au ſeruice Diuin les Religieux ſeront tenus luy deferer les droicts honorifiques de l'Euangile, de la Paix, & autres droicts ſemblables ſuiuant l'vſage commun obſerué aux autres Abbayes du meſme Ordre. Et en tous autres lieux luy rendre l'honneur, reuerence, & obeyſſance qu'ils luy doiuent comme à leur Chef & Superieur.

III.

Qve defenſes leur ſoient faites de ſortir hors l'enclos de ladite Abbaye ſans ſa permiſſion, ou en ſon abſence du Prieur Clauſtral de ladite Abbaye. Mesme à Frere Nicolas Vairon de faire la charge ny pretendre la qualité de Prieur Clauſtral de ladite Abbaye.

IIII.

Qve par les Religieux aſſemblez en la maniere accouſtumée il ſoit procedé ſuiuant la forme preſcrite par les conſtitutions Canoniques à l'eſlection d'vn Prieur Clauſtral, ſedit Abbé prealablement aduerty, ou ſon Vicaire, du iour & de l'heure de ladite ɛſlection.

Qve le Prieur qui aura eſté eſleu ſoit tenu prendre lettres de nomination & inſtitution dudit Abbé.

V.

Qv'il ſoit maintenu au droiɛt & faculté d'inſtituer, au cas de droiɛt, tous les autres Officiers de ladite Abbaye.

VI.

Qve defenſes leur ſoient faites d'admettre aucuns Nouices ou Religieux à l'habit ou profeſſion, ny les enuoyer aux eſtudes, ou faire promouuoir aux Ordres ſans l'aduis & conſentemét par eſcrit dudit Abbé.

VII.

Qve leſdits Religieux ſoient tenus de s'aſſembler au Chappitre quand ils y ſeront mandez & conuocquez de la part dudit Abbé, pour traitter des affaires de ladite Abbaye. Et en cas de refus ou delay, qu'il luy ſoit permis de proceder contre les refuſans par condamnations de peines ſuiuant les conſtitutions Canoniques.

VIII.

Qv'il aura en ſes mains vne clef du Threſor & autres lieux auſquels ſont enfermez les Ornemens, Reliquaires, Calices, & tiltres de ladite Abbaye

IX.

ſous les offres de la laiſſer en ſon abſence entre les mains de ſon Vicaire.

X.

Qᴠᴇ tous les comptes du reuenu
de ladite Abbaye, meſmes ceux de la
Threſorerie ſeront rendus pardeuant
ledit Abbé, & les deniers de ladite
Threſorerie employez par ſon Oʀᴅᴏɴ-
ɴᴀɴᴄᴇ en achapt d'Ornements & autres choſes neceſſaires pour la celebra-
tion du ſeruice Diuin.

XI.

Qᴠᴇ defenſes ſoient faites auſdits
Religieux de faire aucun Bail des bois
taillis de ladite Abbaye, & autres choſes qui ſont demeurées communes, ſi-
non en la preſence & du conſentement
dudit Abbé ou de ceux qui ſeront pro-
poſez de ſa part.

XII.

Qᴠᴇ pareilles defenſes leur ſeront
faites de faire aucuns Baux excedans
neuf ans : & toutes autres alienations
des heritages dependans de leur men-
ſe ſans en auoir communiqué audit
Abbé, & prins ſon conſentement par
eſcrit, ſur peine de nullité & de caſſation
deſdits Baux & alienations, & aux deſpens

Dᴇꜰᴇɴꜱᴇꜱ , appointement en
droiƈt

droict, escritures & productiós desdites parties: Contredits par elles baillez suiuant l'Arrest du dixiesme Feurier mil six cens trente-deux. Ladite requeste du vingt-deuxiesme Aoust mil six cens vingt-huict presentée par lesdits Gosset & le Saige Abbez de Premonstré & de Sainct Martin de Laon, aux fins d'estre receus parties interuenantes en ladite instance de REGLEMENT, & à soustenir ledit Boucher Abbé de Tenaille non receuable en tous les Chefs de sa demande: Moyens d'interuention: Responses: Appointement à produire: Productions des parties: Contredits par elles fournis suiuant l'Arrest du dixiesme Feurier: Ladite requeste du cinquiesme Decembre mil six cens vingt-neuf presentée par lesdits Religieux, Prieur & Conuent de ladite Abbaye de Tenaille, à ce que le refus fait par ledit Abbé de Premonstré de cófirmer l'eslection par eux faite de la personne de Frere Pierre Des Riets en la charge de Prieur Claustral de ladite Abbaye de Tenaille vaudra & tiendra lieu de confirmation, auec defenses tant audit Abbé de Premonstré qu'audit Abbé de Sainct Martin de Laon de troubler ny inquieter ledit Des Riets en la fonction de ladite charge. Defenses desdits Ab-

FINS ET CONCLVSIONS des Parties.

En la troisiesme Instance du 22. Aoust 1628.

Les Sieurs Abbez de Premonstré & de S. Martin de Laon sont receus parties interuenantes & defendeurs audit Reglement.

En la quatriesme Instance du 5. Decembre 1629.

Lesdits Religieux ayās attenté de faire eslection de Prieur cōtre l'authorité de leurs Superieurs, la Cour casse & rejette ceste eslection.

ARRESTS.

FINS ET CONCLVSIONS
des Parties.

bez de Premonſtré & de Sainct Martin
dudit Laon: Appointement en droict:
Eſcritures & productions deſdites par-
ties:Contredits par elles baillez ſuiuant
ledit Arreſt: Requeſte dudit Vairon
du quatorzieſme dudit mois de Decembre mil ſix cens vingt-neuf.

En la cinquieſme
Inſtāce du 14. De-
cembre 1629.

A CE QVE l'eſlection de la perſonne
dudit Des Riets pour exercer la charge
dePrieur en ladite Abbaye ſoit caſſée,&
luy remis & reintegré en ladite charge
de Prieur. Et enjoint aux Religieux de
ladite Abbaye de luy obeïr comme à
leur Superieur, ſuiuant l'inſtitution
qu'il a deſdits Abbé de Premonſtré &
de Sainct Martin de Laon, Et qu'à ce
faire & ſouffrir ledit reſtabliſſement,le-
dit Abbé de Tenaille y ſoit contraint
par ſaiſie du reuenu temporel de ladite
Abbaye.

Frere NicolasVai
ron inſtitué Prieur
par leſdits Sieurs in-
teruenans eſt main-
tenu & reſtably en
ſa charge.

Autre requeſte dudit Abbé de
Tenaille du vingt-deuxieſme dudit
mois de Decembre audit an, à ce que
leſdits Religieux fuſſent appellez pour
defendre à ladite requeſte dudit Vairon. Et cependant que defenſes luy
fuſſent faites de troubler le nouueau
Prieur en l'exercice de ſa charge. Leſdites requeſtes joinctes auſdites inſtan-
ces, par Arreſt du neufuieſme Feurier

En la ſixieſme In-
ſtance du 22. De-
cembre 1629.

Par l'Arreſt il eſt
enjoint à Frere Pier-
re Des Riets preten-
du nouueau Prieur
d'obeyr audit
Vairon.

En la ſeptieſme In-
ſtance du 25.Feurier
1630.

mil six cens trente. Autre requeste presentée par ledit Abbé de Tenaille le vingt-sixiesme iour dudit mois de Feurier de l'année mil six cens trente.

A CE QVE ledit Abbé de Sainct Martin de Laon fuit tenu de retirer de ladite Abbaye de Tenaille, & la descharger des personnes de Frere Charles de Roussy, & de Frere Charles Wateau.

Defenses dudit Abbé de Sainct Martin. Appointement en droict. Escritures, productions & contredits desdites Parties. Ladite requeste du quatriesme Iuillet mil six cens trente, presentée par ledit Boucher Abbé dudit Tenaille.

A CE QVE de tous les actes & conclusions prises au Chappitre general de l'Ordre, il en ait copie pour les faire garder & obseruer en ladite Abbaye de Tenaille.

QVE defenses soient faites audit Abbé de Sainct Martin de Laon de prendre qualité de Pere, Abbé & Iuge immediat de ladite Abbaye de Tenaille.

Les Nouices desnommez en ceste demande sont maintenus Profez de la maison de Tenaille, Et au lieu d'en descharger ladite Abbaye, suiuant la requeste dudit S. Abbé Commendataire, la Cour en ordône trois autres d'augmentatiõ pour parfaire le nombre de douze suiuant ledit REGLEMENT de Visite du Sieur Abbé de Sainct Martin.

En la huictiesme Instance du quatriesme Iuillet 1630.

Autre Reglement de neuf Chefs, demandé par ledit S. Boucher le 4. Iuillet 1630. dont il est à pur & à plein debouté, en outre condãné aux despens.

II.

III.

Qve tous les tiltres, comptes & pa-
piers qui ont esté enleuez & tirez de
ladite Abbaye de Tenaille par ledit
Abbé de Sainct Martin en faisant sa
Visite, soient par luy rendus & restablis
en ladite Abbaye : & à ce faire il soit
contraint par toutes voyes, mesmes par
saisie du reuenu temporel de sadite Abbaye.

IIII.

Qve le Pere Visiteur qui sera commis par le Chappitre general pour visiter ladite Abbaye de Tenaille, auant
que commencer sa Visite, soit tenu, suiuant les Statuts de l'Ordre, d'en faire
donner aduis audit Abbé de Tenaille
vn mois auparauant.

V.

Et qu'en procedant à ladite Visite,
il ne puisse se faire assister que de deux
Religieux de l'Ordre, sans autre suitte,
ny sejourner plus de trois iours en ladite Abbaye   Et qu'il ne puisse prendre
plus de dix liures pour son droict de visite, ny demander plusieurs droicts de
visite en vne mesme année.

VI.

Qve faisant droict sur l'opposition
formée par le Receueur dudit Abbé de
Tenaille à l'execution faite en ses biens
à la requeste dudit Abbé de Sainct

Martin de Laon, faute de payement de
la fôme de foixante & fix liures reftans
de trois cens feize liures dix fols pour
auoir vifité ladite Abbaye de Tenaille
en l'année mil fix cens vingt-neuf, ladite execution foit declarée injurieufe
& tortionnaire.

QVE ladite fomme de foixante &   VII.
fix liures confignée entre les mains du
Sergent luy foit renduë : & à ce faire ledit Sergent contraint comme depofi-
taire des biens de Iuftice, auec tous defpens, dommages & interefts.

QVE le Pere Vifiteur enuoyé en   VIII.
ladite Abbaye ne puiffe donner l'habit,
ny admettre aucun Nouice à la Profef-
fion, faire promouuoir aux Ordres, ou
enuoyer en d'autres Monafteres les
Religieux de ladite Abbaye de Tenaille, ny introduire en icelle aucuns Religieux d'autre maifon, fans le confente-
ment exprés & par efcrit dudit Abbé
de Tenaille.

QVE le Pere Vifiteur fera tenu laif-   IX.
fer vne copie de fon Procés verbal en
langue vulgaire, & inferer en iceluy   Dernier Chef.
tout ce qu'il aura ordonné, tant pour
l'eftat des mœurs & entretenement

de la difcipline reguliere, que pour les
corrections des fautes paſſées pour feruir aux Religieux qui n'entendent le
Latin, & les faire entretenir par ledit
Abbé.

Defenfes defdits Abbez de Premonftré & de Sainct Martin de Laon.
Appointement en droict à efcrire &
produire. Efcritures & productions
defdites parties. Contredits par elles
baillez fuiuant ledit Arreft du dixief-
me Feurier mil fix cens trente-deux.
Arreft du vingt-vniefme Mars mil fix
cens trente, entre ledit Boucher Abbé
Commendataire de ladite Abbaye de
Tenaille : Et Guillaume Solon fon Receueur audit lieu, appellans comme de
pretendus abus des ORDONNANCES &
Mandemens decernez par ledit Abbé
de Sainct Martin de Laon, faifant la vifite en ladite Abbaye de Tenaille, mentionnez en fon Procés verbal du vingt-
quatriefme Mars, & autres iours fui-
uans: mefme de ce qu'il auroit ordonné
que les portes de ladite maifon Abba-
tiale, qui eftoient fermées, feroient ouuertes par vn Serrurier. Les fix cheuaux
qui eftoient à fa fuitte mis & logez dans
les Efcuries de ladite Maifon : decerné
plufieurs mandemens pour contrain-

dre ledit Abbé de Tenaille & son Receueur au payement des sommes de
dèniers pour les frais de la visite & du
REGLEMENT par luy fait en ladite Abbaye de Tenaille le cinquiesme Auril
audit an, d'vne part: Et ledit le Saige
Abbé dudit Sainct Martin de Laon,
premierPere & Vicaire general de tout
l'Ordre de Premonstré, & Pere immediat de ladite Abbaye de Tenaille: Et
Iean Caron Sergent au Bailliage de
Vermandois, intimé d'autre, par lequel
les Parties sur ledit appel, comme d'a-
bus, & intimation, auroient esté mis
hors de Cour & de procés, sans que ledit Arrest puisse leur faire preiudice en
autres Instances pendantes en ladite
Cour. Autre Arrest du dixneufuiesme
Octobre mil six cens trente, par lequel
auroit esté ordóné que le susdit Arrest
seroit executé: & pour cet effect commis le Bailly de Vermandois ou son
Lieutenant audit Laon. Sentence dudit
Lieutenant general de Laon du vingt-
neufuiesme Nouembre audit an, dont
est appel, par laquelle auroit esté ordonné qu'il seroit par luy procedé à
l'execution desdits Arrests, & au Bail à
rabais des reparations & ameublemens
necessaires pour le seruice Diuin, &
decoration des Chappelles, Autels, &

Par laquelle est or-
donné qu'il sera par
luy fait descente en
ladite Abbaye, &
procedé aux Baux à
rabais des reparatiõs
& ameublemens por
tez par ledit REGLE-
MENT.

Et à cet effect que le
Sr Bouchet Abbé
consignera quatre
cens liures pour les
fraiz.

ORDONNANCE du-
dit Sr Lieutenant general, que les Adju-
dications & Baux
au rabais desdites
reparations & ameu-
blemens seront exe-
cutez.

autres lieux de ladite Abbaye de Tenaille, surquoy seroient desduites les
reparations & ameublemens faits &
fournis par ledit Abbé de Tenaille, sur
ce qui estoit contenu aux REGLEMENS
dudit Abbé de Sainct Martin, selon la
Visitation qui en seroit faite en presence dudit Lieutenant, & du Substitut du
Procureur General du Roy, & qu'à cet
effect ils se transporteroient sur les
lieux, & qu'affiches seroient mises& pu-
bliées tant en la ville de Reims qu'autres endroits, portans publication desdits ameublemens & reparations ; &
sera ledit Abbé de Tenaille tenu de
consigner la somme de quatre cens
liures, pour les fraiz de ladite descente.
Procés verbal dudit Lieutenant General du quatriesme Decembre ensuiuant, contenant les Adjudications au
rabais des reparations , & ameublemens y mentionnez. Ordonnances dudit Lieutenant General de Laon des
dix& quatorziesme dudit mois portant,
Que lesdites Adjudications seroient
executées. Enioinct aux Adjudicataires
d'y tenir la main, & faire trauailler in-
cessament ausdites reparations, & d'en
rapporter certificat, & des preparatifs
dans la my-Caresme ensuiuant. Arrest
du quatriesme Aoust mil six cens trente

vn

vn, par lequel, ſur leſdites Appellations, les Parties auroient eſté appointées au Conſeil, & acte audit Appellant de ce que pour cauſes d'appel, eſcritures & production, il auroit employé ce qu'il auoit eſcrit & produit en l'inſtance de requeſte du quatrieſme Iuillet mil ſix cens trente. Reſponſes à cauſes d'appel, & production dudit Abbé de Sainct Martin. Requeſtes deſdits Abbez de Tenaille & de Sainct Martin, employées pour contredits. Requeſte dudit Abbé de Tenaille dudit premier Feurier mil ſix cens trente-vn.

A ce que ledit Abbé de Sainct Martin de Laon fuſt condamné luy rendre & reſtituer les ſommes de quatre cens liures d'vne part, & cent trente-ſix liures quatorze ſols d'autre, qu'il auroit eſté contraint d'aduancer pour les fraiz de la deſcente dudit Lieutenant general de Laon, auec defenſes particulieres de le contraindre, ny ſes Fermiers au payement des prix des Baux au rabais.

Procés verbal du Conſeiller commis du ſixieſme dudit mois de Feurier contenant les defenſes & conteſtations des Parties, ſur leſquelles elles auroient

FINS ET CONCLVSIONS des Parties.

En la neufuieſme & derniere Inſtance du premier Feurier 1631.

Le Sieur Abbé de Sainct Martin eſt entierement abſous de cette demande.

Et ledit Sr Boucher Demandeur condamné d'executer & payer les marchez baillez au rabais.

Defenſes & conteſtations des Parties en ladite Inſtance.

FINS ET CONCLVSIONS des Parties.

esté appointées à mettre : Escritures & productions desdites Parties : Contredits par elles fournis, ladite instance ioincte par Arrest du dix-septiesme Mars mil six cens trente-deux : Requeste presentée par lesdits Religieux, Prieur & Conuent de ladite Abbaye de Tenaille, le vingt-vniesme du mois d'Auril audit an.

Requeste des Religieux de Tenaille, par laquelle entre autres choses ils concluent à leurs demandes touchant les Aumosnes, Infirmerie, Chambre des Hostes, Portes, Reparations & Ornements de ladite Abbaye, selon qu'elles ont esté reglées par le Sieur Abbé de Sainct Martin.

Aux fins d'auoir Acte de ce qu'ils recognoissent ledit Abbé de Sainct Martin pour leur Pere immediat, Iuge & Visiteur. QVE les deux Nouices par luy receus à la Profession y ont esté admis à leur priere & de leur consentement. QVE ledit Abbé de Sainct Martin n'a aucuns tiltres qui leur appartiennent, sinon vne copie de transaction passée entr'eux, & le precedent Abbé de ladite Abbaye de Tenaille. QV'ILS n'ont point eu intention de poursuiure ledit Abbé pour la restitution d'aucuns tiltres, & de ce qu'ils se constituent Demandeurs contre ledit Abbé de Tenaille, A ce que les ORDONNANCES faites par ledit Abbé de Sainct Martin de Laon en sa Visite soient executez : Ce faisant, que ledit Abbé de Tenaille soit condamné faire faire toutes les Reparations, Orneméts

Surquoy il leurs est fait droict par l'Arrest qui ordóne l'execution des deux autres confirmatifs du REGLEMENT de Visite du cinquiesme Auril 1629.

d'Eglife, Ameublemens, & au tres charges portées par lefdites ORDONNAN-
CES fuiuant les marchez au rabais faits
par ledit Lieutenant de Laon, dont leur
auroit efté donné Acte fignifié & mis au
fac. Requefte dudit Abbé de Tenaille
du vingt-huictiefme dudit mois, employée pour Refponfe, fignifiée &
mife au fac. Autre requefte prefentée
par ledit Abbé de Tenaille le treziefme
May mil fix cens trente-deux, & copie
d'vne lettre miffiue defdits Religieux
communiquée à partie & mife au fac.
Requefte defditsAbbez dePremonftré
& de Sainct Martin, employée pour
Refponfe.

Requefte prefentée   par Freres
Pierre Des Riets , Pierre Des Champs,
Denys Des Vignes , Nicolas de
Martigny, & Florimond Bellot Religieux de ladite Abbaye de Tenaille, le
vingt-feptiefme Iuillet mil fix cens
trente-deux, & Procuration y attachée,
contenant le defadueu par eux formé
contre Maiftre Claude Bourdon Procureur en ladite Cour, fignifiée & mife
au fac, pour en iugeant y eftre fait droit.

Autre requefte dudit Abbé deTenail-
le du vingt-neufuiefme dudit mois de

Boucher le 29. Iuillet 1632. aux fins de defpens contre ledit Bourdon, dont il eft debouté.

Iuillet, à ce qu'en confequence dudit defadueu, ledit Bourdon fuft condamné en tous fes defpens, dommages & interefts, iointe à l'inftance, pour en iugeant y faire droict. Requeftes defdits Abbez de Premonftré & de Sainct Martin, & defdits Religieux, employées pour Refponfe aufdites requeftes. Conclufions du Procureur General du Roy, le tout ioinct & confideré,

DISPOSITIF.

Appellations au neant auec defpens. Le IVGE fortira fon effect.

Les Sieurs Abbez de Premonftré & de Sainct Martin abfous des demandes du 4. Iuillet 1630. & le Sr Boucher Demandeur condamné aux defpens.

Arrefts confirmatifs du Reglement de Vifite executez.

NOSTRE-DITE COVR, fans s'arrefter aufdites requeftes des vingt-fept, & vingt-neuf Iuillet dernier, A MIS ET MET lefdites appellations au neant, fans amende, ORDONNE que ce dont a efté appellé fortira fon plein & entier effect, Et ce faifant a ABSOVS lefdits Goffet & le Saige Abbez de Premonftré & de Sainct Martin de Laon, des demandes en REGLEMENT contre eux faites par ledit Boucher Abbé de Tenaille, contenues en la requefte du quatriefme Iuillet mil fix cens trente, Et iceluy CONDAMNE' EZ DESPENS, tant de ladite inftance que caufes d'appel, chacun pour leur regard, ORDONNE que les Arrefts des vingt-vn Mars, & dixneufuiefme Octobre mil fix cens trente feront executez, &

fuiuant iceux QV'IL fera procedé inceſſamment aux reparations de ladite Abbaye, ſuiuant les Baux qui ont eſté faits.
Et neantmoins NOSTRE-DITE
COVR a donné terme de quatre ans
audit Abbé de Tenaille pour faire leſdites reparations, pendant leſquels il
fera tenu d'employer par chacun an le
tiers du reuenu de ladite Abbaye, à luy
eſcheu par le partage fait entre luy &
leſdits Religieux. Et faiſant droiĉt ſur
les demandes en REGLEMENT reſpecti-
uement faites, tant par ledit Abbé de
Tenaille, Religieux, Prieur & Conuent
de ladite Abbaye. Interuention deſdits Abbez de Premonſtré & de Sainĉt
Martin de Laon, & requeſtes des cinq,
quatorze, vingt-deux Decembre mil
ſix cens vingt-neuf, vingt-ſix Feurier
mil ſix cens trente, & premier Feurier
mil ſix cens trente-vn, ayant aucune-
ment eſgard à la requeſte du quatorzieſme Decembre mil ſix cens vingt-
neuf, ſans auoir eſgard à l'Eſlection faite par leſdits Religieux de la perſonne
de Frere Pierre Des Riets en la charge
de Prieur en ladite Abbaye de Tenaille. ORDONNE que ledit Vairon
ſera reſtably en ladite charge de Prieur.
ENIOINCT auſdits Religieux de luy
obeyr, & auſdits Prieur & Religieux de

Le nombre de dou-
ze Religieux ordōné

Et les Tiltres enfer-
mez sous trois clefs.

Le tout ainsi qu'il
est ordōné par le Re-
glement du Sieur
Abbé de Sainct
Martin.

Ne pourra ledit Sr
Abbé Commen-
dataire instituer les
Officiers Clau-
straux.

Baux des choses cō-
munes serōt faits par
les Religieux de son
consentement.

Defenses de faire
Baux ou alienations
sinon aux termes de
droict.

Biens de l'Abbaye
partagez en trois
lots, & ledit Sr Bou-
cher obligé de fai-
re toutes les char-
ges d'icelle.
Suiuant les reque-
stes desdits Reli-
gieux des dixneuf, &
vingt-neufuiesme
Iuillet 1628.

nourrir & entretenir en ladite Abbaye
le nombre de douze Religieux, y com-
prins les Nouices. Qv'av Thresor de
ladite Abbaye, & autres lieux où sont
enfermez les tiltres & enseignemens
d'icelle Abbaye y aura trois clefs, dont
l'vne sera baillée audit Boucher comme
Abbé, l'autre au Prieur, & l'autre ausdits Religieux, ou leur Procureur, à la
charge que ledit Abbé, suiuant ses offres, sera tenu, en cas d'absence, laisser
la clef entre les mains de son Vicaire.
Ne povrra ledit Abbé instituer les
Officiers Claustraux de ladite Abbaye.
Fait deffenses ausdits Religieux de
faire aucuns Baux des Bois taillis de
ladite Abbaye, & autres choses demeurées communes, sinon du consentement dudit Abbé, ou de ceux qui au-
ront pouuoir de luy.   Comme pareillement de faire aucuns Baux & Alienations des heritages à eux escheus en
partage, sinon aux termes de droict &
des Ordonnances, à peine de nullité
& de cassation d'iceux ORDONNE
que ce qui reste à partager du reuenu
de ladite Abbaye, dōt lesdits Religieux
seront tenus bailler declaration, sera
diuisé en trois lots, & l'vn d'iceux baillé
ausdits Religieux à leur choix & op-
tion, & les deux autres audit Abbé, sur

lefquels il fera tenu d'acquitter les charges de ladite Abbaye. SE POVR-RONT lefdits Religieux feruir de la grande Porte, qui eft dans l'enclos dudit Abbé, pour faire paffer toutes leurs prouifions & neceffitez, en attendant que ledit Abbé, fuiuant fes offres, en ait fait baftir vne autre à fes defpens dans le departement defdits Religieux, au lieu le plus commode, qui fera choifi & aduifé par Experts & gens à ce cognoif-fans, dont les Parties conuiendront dans vn mois pardeuant le plus prochain Iuge Royal des lieux. ENIOINCT NOSTRE DITE COVR aufdits Religieux & Prieur porter honneur & reuerence audit Boucher, tels qu'ils font obligez, & qu'il eft deub à leur Abbé Commendataire. Et fur le furplus des demandes refpectiuement faites, & interuention, A MIS ET MET les Parties hors de Cour & de procés, le tout fans defpens.

SI VOVS MANDONS à la requefte defdits Meffire Pierre Goffet Abbé de Premonftré, & Meffire Nicolas le Saige Abbé de Sainct Martin, mettre le prefent Arreft à execution felon fa forme & teneur. Et au premier des Huiffiers de noftre Cour de Parle-

Grande Porte du cofté de Ploumion ordonnée en forte que fuiuant le REGLEMENT de Vifite elle fera faite en lieu commode.

Les Religieux tenus de porter honneur audit Sr Boucher tel qu'il eft deu à vn Abbé Commendataire.

Mandement auec pouuoir d'executer l'Arreft.

ment, ou autre noftre Huiffier ou Sergent fur ce requis, faire tous exploicts neceffaires. DE CE FAIRE DONNONS à chacun de vous pouuoir. DONNE' à Paris en noftre-dite Cour de Parlement le feptiefme iour d'Aouft l'an de grace mil fix cens trente-deux, & de noftre regne le vingt-troifiefme. Ainfi figné, Par la Chambre Radigues, & feellé pour Chartre, qui doit *Vifa & regiftrata.*

CORCESSIN.   SERLANT.

EXTRAICT DV PRIVILEGE DV ROY.

PAr Grace & Priuilege du Roy, il eſt permis à Robert Foüet Marchand Libraire à Paris, d'imprimer ou faire imprimer, vendre & debiter le Liure intitulé, *Reglement de Viſite fait en l'Abbaye noſtre-Dame de Tenaille Ordre de Premonſtré, par Meſſire Nicolas le Saige Abbé de Sainct Martin de Laon.* Enſemble les *Arreſts de la Cour de Parlement interuenus en execution d'iceluy,* auec defenſes à tous Imprimeurs, Libraires, & autres perſonnes de quelque eſtat qualité & condition qu'ils ſoient de l'imprimer, vendre ny diſtribuer d'autre impreſſion que celle dudit Foüet pendant, le temps de ſix ans entiers, à commencer du iour de la premiere impreſſion qui en ſera faite, à peine de confiſcation, & de tous deſpens dommages & intereſts, comme il eſt plus à plein porté par les lettres de Priuilege pour ce donné à Paris le quatrieſme Septembre mil ſix cens trente deux.

PAR LE CONSEIL.

Signé

LE GRAND.

www.ingramcontent.com/pod-product-compliance
Lightning Source LLC
LaVergne TN
LVHW021147200726
843510LV00001B/267